शिरडी साईं चालीसा

Śiraḍī Sāīṅ Cālīsā

(With Hindi and English Translation)

Translation arranged by

Srikunj Sadbhavana Manch

Published by:
Srikunj Sadbhavana Manch
'Srikunj', F-52, Bali Nagar, New Delhi - 15
Ph.: 011-2545 3975, 2546 6019
Fax: 011-2546 5926

Printed by:
D.K. Printworld (P) Ltd., New Delhi.

पहले साईं के चरणों में,
अपना शीश नमाऊँ मैं ।
कैसे शिरडी साईं आए,
सारा हाल सुनाऊँ मैं ॥1॥

मैं सबसे पहले साईं बाबा के चरणों में नमन कर उनके शिरडी पहुँचने का वृतान्त सुनाता हूँ।

pahale sāīṅ ke caraṇoṅ meṅ,
apanā śīśa namāuṅ maiṅ ।
kaise śiraḍī sāīṅ āye,
sārā hāla sunāūṅ maiṅ ॥

First I offer my obeisance at the feet of Sāīṅ Bābā, and recount the account of his journey to Śiraḍi.

कौन हैं माता-पिता कौन हैं,
यह न किसी ने भी जाना।
कहाँ जन्म साईं ने धारा,
प्रश्न पहेली रहा बना ॥2॥

उनके माता-पिता कौन हैं और उनका जन्म कहाँ हुआ, यह एक पहेली है।

kaun haiṅ mātā, pitā kaun haiṅ,
yaha na kisī ne bhī jānā।
kahāṅ janam sāīṅ ne dhārā,
praśna pahelī rahā banā॥

His antecedents and place of birth remain a mystery to all to this day.

कोई कहे अयोध्या के ये,
रामचन्द्र भगवान् हैं ।
कोई कहता साईबाबा,
पवन-पुत्र हनुमान हैं ॥3॥

कोई उन्हें अयोध्या के रामचन्द्र भगवान् तो कोई उन्हें पवन-पुत्र हनुमान कहता है ।

koī kahe Ayodhyā ke ye,
rāmcandra bhagavān haiṅ ।
koī kahatā sāīṅbābā,
pavana putra hanumān haiṅ ॥

Some hail him as the great Lord Rāma of Ayodhyā. Some address him as the mighty Hanumān, son of the Wind God.

कोई कहता मंगल-मूरति,
श्री गजानन हैं साई।
कोई कहता गोकुल-मोहन,
देवकी-नन्दन हैं साईं ॥4॥

कुछ लोग उन्हें मंगलमूर्ति गणेश समझते हैं तो कोई उन्हें कृष्ण मानते हैं।

koī kahatā maṅgala mūrati,
śrī gajānana haiṅ sāīṅ ।
koī kahatā gokula-mohana,
devakī nandana haiṅ sāīṅ ॥

While some take Him to be Lord Gaṇeśa himself, others believe Him to be Lord Kṛṣṇa.

शंकर समझ के भक्त कई तो,
बाबा को भजते रहते ।
कोई कहे अवतार दत्त का,
पूजा साईं की करते ॥5॥

कुछ भक्त साईं बाबा को साक्षात् शंकर रूप मानकर पूजा करते हैं, तो कुछ उन्हें देवपुत्र का अवतार मानते हैं ।

śaṅkara samajha ke bhakta kaī to,
bābā ko bhajate rahate ।
koī kahe avatāra datta kā,
pūjā sāīṅ kī karate ॥

Some devotees worship Him as a form of Lord Śiva, while others see him as son of God.

कुछ भी मानो उनको तुम,
पर साईं हैं सच्चे भगवान् ।
बड़े दयालु दीनबंधु वो,
कितनो को दिया जीवनदान ॥6॥

आप उन्हें कुछ भी मानो, वे भगवान् ही हैं। वे बड़े दयालु हैं और उन्होंने बहुतों को जीवनदान दिया हैं ।

kuch bhī mānon unako tuma,
para sāīṅ haiṅ sacce bhagavān ।
baḍe dayālu, dīnabandhu wo;
kitano ko diyā jīvanadāna ॥

He is a God in the true sense and has bestowed hope and peace upon numerous afflicted souls.

कई वर्ष पहले की घटना,
तुम्हें सुनाऊँगा मैं बात।
किसी भाग्यशाली के घर,
शिरडी में आई थी बारात ॥7॥

कई वर्ष पहले की बात है, शिरडी में किसी भाग्यशाली के यहाँ बारात आई थी।

kaī barasa pahale kī ghaṭanā,
tumhen sunāūṅgā main bāta।
kisī bhāgyaśālī ke ghar,
śiraḍī men āī thī bārāta॥

A long time ago in the land of Śiraḍī, a marriage procession arrived with much fanfare.

आया साथ उसी के था,
बाल एक बहुत सुन्दर ।
आया, आकर वहीं बस गया,
पावन शिरडी किया नगर ॥8॥

और उसी के साथ एक सुन्दर सा बालक आया था, वह बालक यहीं बस गया, इस नगर को पवित्र करने के लिए ।

āyā sātha usī ke thā,
bāla eka bahuta sundara ।
āyā, ākara vahīṅ basa gayā,
pāvana śiraḍī kiyā nagara ॥

In that procession, there was a handsome youth who remained back in Śiraḍī to grace the land.

कई दिनों तक रहा भटकता,
भिक्षा माँगी उसने दर-दर ।
और दिखाई ऐसी लीला,
जग में जो हो गई अमर ॥9॥

उस बालक ने कई दिनों तक घर-घर जाकर भीख माँगी और ऐसी लीला की जो संसार भर में प्रसिद्ध हो गयी ।

kaī dinoṅ taka rahā bhaṭakatā,
bhikṣā māṅgī usane dara-dara ।
aur dikhāī aisī līlā,
jaga meṅ jo ho gaī amara ॥

The lonely young boy begging for food from the people, started performing miracles.

जैसे-जैसे उमर बढ़ी,
बढ़ती गई वैसे ही शान।
घर-घर होने लगा नगर में,
साईंबाबा का गुणगान ॥10॥

उम्र के साथ ही उनकी शान भी बढ़ती गई और फिर पूरे नगर के घर-घर में साईं बाबा का ही गुणगान होने लगा।

**jaise jaise umara baḍhī,
baḍhatī gaī vaise hī śāna ।
ghara-ghara hone lagā nagara meṅ,
sāīṅbābā kā guṇa-gāna ॥**

As He grew, so did his glory. His name became the chant of the people of Śiraḍī.

दिग्-दिगन्त में लगा गूँजने,
फिर तो साईंजी का नाम।
दीन-दु:खी की रक्षा करना,
यही रहा बाबा का काम ॥11॥

चारों दिशाओं में उनके ही नाम की चर्चा होने लगी। गरीबों, दुखियों की रक्षा करना बाबा का मूल धर्म बन गया।

dig-diganta meṅ lagā gūñjane,
phira to sāīṅjī kā nāma।
dīna duḥkhī kī rakṣā karanā,
yahī rahā bābā kā kāma॥

The glory of his name spread far and wide. Bābā protected the poor and healed the suffering.

बाबा के चरणों में जाकर,
जो कहता मैं हूँ निर्धन।
दया उसी पर होती उनकी,
खुल जाते दुःख के बन्धन ॥12॥

उनके चरणों में जाकर जो भी कहता कि मैं निर्धन हूँ, बाबा की दया से उसके भाग्य खुल जाते।

bābā ke caraṇoṅ meṅ jākara,
jo kahatā maiṅ hūṅ nirdhana।
dayā usī para hotī unakī,
khula jāte duḥkha ke bandhana॥

People poured in at the Bābā's feet to lay bare their sufferings; Bābā's compassion freed them from pain and poverty forever.

कभी किसी ने माँगी भिक्षा,
दो बाबा मुझको सन्तान।
एवंअस्तु तब कहकर साईं,
देते थे उसको वरदान ॥13॥

जो भी उनसे संतान प्राप्ति की भिक्षा माँगता, बाबा उसकी मनोकामना पूरी कर देते।

kabhī kisī ne māṅgī bhikṣā,
do bābā mujhako santāna।
evaṁastu taba kahakara sāīṁ,
dete the usako vardāna॥

Those who were childless craved to have his blessings, and they were rewarded with offspring.

स्वयं दुःखी बाबा हो जाते,
दीन-दुःखीजन का लख हाल ।
अन्तःकरण श्री साईं का,
सागर जैसा रहा विशाल ॥14॥

गरीबा-दुखियों का हाल जानकर बाबा स्वयं ही दुःखी हो जाते थे, उनका दिल समुद्र के समान विशाल था।

svayaṁ duḥkhī bābā ho jāte,
dīna duḥkhījana kā lakha hāla ।
antaḥkaraṇa śrī sāīṁ kā,
sāgara jaisā rahā viśāla ॥

The Bābā was often overcome with sadness when He heard of the plight of the poor and the suffering.

भक्त एक मद्रासी आया,
घर का बहुत बड़ा धनवान ।
माल खजाना बेहद उसका,
केवल नहीं बस सन्तान ॥15॥

साईंबाबा के पास एक धनी मद्रासी भक्त आया जिसके कोई सन्तान नहीं थी ।

Bhakta eka madrāsī āyā,
ghara kā bahuta baḍā dhanavāna ।
māla khajānā behada usakā,
kevala nahīn basa santāna ॥

There once appeared before Him a wealthy Tamil devotee who was rich but childless.

लगा मनाने साईं नाथ को,
बाबा मुझ पर दया करो।
झंझा से झंकृत नैया को,
तुम ही मेरी पार करो ॥16॥

वह आकर साईंबाबा को मनाने लगा कि वे उस पर दया करें और उसकी मँझधार में फँसी नैया को पार लगायें।

lagā manāne sāīṅ nātha ko,
bābā mujha para dayā karo ।
jhaṅjhā se jhaṅkṛta naiyā ko,
tuma hī merī pāra karo ॥

The wealthy man urged the Bābā to express his compassion towards him, to help him overcome his childless plight.

कुलदीपक के बिना अंधेरा,
छाया हुआ है घर में मेरे ।
इसीलिए आया हूँ बाबा,
हो कर शरणागत तेरे ॥17॥

वह विनती करने लगा कि एक कुलदीपक के बिना उसके घर में अँधेरा छाया हुआ है।

kuladīpaka ke binā andherā,
chāyā huā hai ghara meṅ mere ।
isīlie āyā hūṅ bābā,
ho kara saraṇāgata tere ॥

He spoke of the darkness in his life without an heir to carry his lineage forward.

कुलदीपक के इस अभाव में,
व्यर्थ है दौलत की माया।
आज भिखारी बनकर बाबा,
शरण तुम्हारी मैं आया ॥18॥

उसकी सारी दौलत पुत्र के बिना बेकार है और वह भिखारी बनकर आज साईं की शरण में आया है।

kuladīpaka ke isa abhāva meṅ,
vyartha hai daulata kī māyā।
āja bhikhārī banakara bābā,
saraṇa tumhārī maiṅ āyā॥

Without a son, his wealth was of no consequence to him. He had come to the feet of the Bābā with great hope.

दे दो मुझको पुत्र दान,
मैं ऋणी रहूँगा जीवन भर।
और किसी की आस न मुझको,
सिर्फ भरोसा है तुम पर ॥19॥

उसकी पुत्र प्राप्ति की मनोकामना पूरी हो जाए तो वह जीवन भर साईं का दास बना रहेगा।

de do mujhako putra dāna,
maiṅ ṛṇī rahūṅgā jīvana bhara।
aur kiśī kī āsa na mujhako,
sirfa bharosā hai tuma para॥

He had sought Him with a yearning to have a son and he would remain indebted to Him for this favour.

अनुनय-विनय बहुत की उसने,
चरणों में धरकर के शीश।
तब प्रसन्न होकर बाबा ने,
दिया भक्त को यह आशीष ॥20॥

यह आशा और विश्वास साईं बाबा सिर्फ तुम्हीं से है, ऐसा कह बाबा के चरणों में अपना सीर धरकर उसने काफी अनुनय-विनय की।

anunaya-vinaya bahuta kī usane,
caraṇoṅ meṅ dharakara ke śīśa।
taba prasanna ho kara bābā ne,
diyā bhakta ko yaha āśīṣa॥

Hope and faith abide only by Your grace: he bowed in obeisance to the Bābā and thus paid his respects.

अल्लाह भला करेगा तेरा,
पुत्र जन्म हो तेरे घर।
कृपा रहेगी तुझ पर उसकी,
और तेरे उस बालक पर ॥21॥

तब बाबा प्रसन्न होकर आशीर्वाद दिया कि तुम्हारे घर पुत्र का जन्म होगा जिसे तुम बेहद प्यार दोगे और वह तुम्हें सम्मान देगा।

allāha bhalā karegā terā,
putra janma ho tere ghara ।
kṛpā rahegī tujha para usakī,
aura tere usa bālaka para ॥

It was then that Bābā blessed him for a son. You will adore him and he would likewise honour and respect you.

अब तक नहीं किसी ने पाया,
साईं की कृपा का पार ।
पुत्र रत्न दे मद्रासी को,
धन्य किया उसका संसार ॥22॥

आज तक साईं की कृपा का पार किसी ने नहीं पाया। बाबा ने मद्रासी को पुत्र देकर उसके जीवन को धन्य कर दिया।

**aba taka nahīṁ kisī ne pāyā,
sāīṁ kī kṛpā kā pāra ।
putra ratna de madrāsī ko,
dhanya kiyā usakā saṁsāra ॥**

No one has seen the limit of Sāīṇ Bābā's grace. Sāīṁ Bābā made the life of that Tamil blessed by giving him a son.

तन-मन से जो भजे उसी का,
जग में होता है उद्धार।
साँच को आँच नहीं है कोई,
सदा झूठ की होती हार ॥23॥

जो भी अपने तन-मन से भजन करता है, इस संसार में उसका उद्धार हो जाता है जैसे सच्चाई पर कोई आँच नहीं आती।

tana mana se jo bhaje usī kā,
jaga meṅ hotā hai uddhāra I
sāñca ko āñca nahīṅ hai koī,
sadā jhūṭha kī hotī hāra II

One who praises and worships God with his heart and soul will find salvation in this world.

मैं हूँ सदा सहारे उसके,
सदा रहूँगा उसका दास।
साईं जैसा प्रभु मिला है,
इतनी ही कम है क्या आस ॥24॥

साईंबाबा जैसा भगवान् जिसे मिल जाए, उसे किसी और चीज की आशा नहीं रहेगी, मैं सदा उसका दास रहूँगा।

main hūṅ sadā sahāre usake,
sadā rahūṅgā usakā dāsa ।
sāīṅ jaisā prabhu milā hai,
itanī hī kama hai kyā āsa ॥

I live by the grace of Sāī Bābā and will remain his devotee forever. With Him as the Lord and Saviour, one cannot wish for anything more.

मेरा भी दिन था एक ऐसा,
मिलती नहीं थी मुझे भी रोटी।
तन पर कपड़ा दूर रहा था,
शेष रही नन्हीं-सी लंगोटी ॥25॥

मेरे भी बुरे दिन चल रहे थे, यहाँ तक कि रोटी भी नसीब नहीं थी और तन ढकने के लिए सिर्फ एक लंगोटी भर थी।

merā bhī dina thā eka aisā,
milatī nahīṁ thī mujhe bhī roṭī।
tana para kapaḍā dūra rahā thā,
śeṣa rahī nanhīṁ-sī laṅgoṭī ॥

I too have seen hardships in life, times when I could not get a meal a day, nor clothes except for a loincloth.

सरिता सन्मुख होने पर भी,
मैं प्यासा का प्यासा था।
दुर्दिन मेरा मेरे ऊपर,
दावाग्नि बरसाता था ॥26॥

नदी के किनारे खड़े होकर भी मैं प्यासा का प्यासा था। दुर्दिन मेरे ऊपर आग बरसाते थे।

saritā sanmukha hone para bhī,
maiṅ pyāsā kā pyāsā thā।
durdina merā mere upara,
dāvāgni barasātā thā॥

On the river bank I would stand and gaze suffering an unquenchable thirst, even as the sun poured out its heat upon me.

धरती के अतिरिक्त जगत् में,
मेरा कुछ अवलम्बन न था।
बना भिखारी मैं दुनियाँ में,
दर-दर ठोकर खाता था ॥27॥

धरती के सिवा कोई इस संसार में मेरा सहारा नहीं था भिखारी बनकर मैं, दुनिया भर में दर-दर ठोकर खा रहा था।

dharatī ke atirikta jagat meṅ,
merā kuch avalaṁbana na thā।
banā bhikhārī maiṅ duniyāṅ meṅ,
dara dara ṭhokara khātā thā॥

I was a homeless wanderer with nothing in the world to support me except the noble earth. I was left to

ऐसे में इक मित्र मिला जो,
परम भक्त साईं का था।
जंजालों से मुक्त, मगर इस,
जगती में वह भी मुझ सा था ॥28॥

ऐसी ही स्थिति में, साईंबाबा का एक परम् भक्त मुझे मिला, वह भी मेरे ही समान था पर अब झंझटों से मुक्त था।

aise meṅ ika mitra milā jo,
parama bhakta sāīṅ kā thā ।
jaṅjāloṅ se mukta, magara isa,
jagatī meṅ vaha bhī mujha sā thā ॥

Then I happened to meet an ardent devotee of the Sāī Bābā who had been like me but was now free of all sufferings.

बाबा के दर्शन के खातिर,
मिल दोनों ने किया विचार।
साईं जैसे दया मूर्ति के,
दर्शन को हो गये तैयार ॥29॥

फिर हम दोनों गहन विचार करने के बाद दया की मूर्ति साईंबाबा के दर्शन करने को तैयार हो गए।

bābā ke darśana ke khātira,
mila donoṅ ne kiyā vicāra ।
sāīṅ jaise dayā mūrti ke,
darśana ko ho gaye taiyāra ॥

We left for the Bābā's residing place in order to be graced by His presence and to receive His blessings.

पावन शिरडी नगरी में जाकर,
देखी मतवाली मूरति ।
धन्य जनम हो गया कि हमने,
जब देखी साईं की सूरति ॥30॥

पवित्र शिरडी नगर में जाकर हम दोनों ने साईंबाबा के दर्शन पाए जिससे हमारा जन्म सार्थक हो गया।

pāvana śiraḍī nagarī meṅ jākara,
dekhī matavālī mūrati ।
dhanya janama ho gayā ki hamane,
jaba dekhī sāīṅ kī sūrati ॥

At sacred Śiraḍī we met Bābā and earned his grace. Our lives have emerged triumphant since then.

जबसे किए हैं दर्शन हमने,
दुःख सारा काफूर हो गया।
संकट सारे मिटे और,
विपदाओं का अन्त हो गया ॥31॥

साथ ही सारे दुःख-दर्द दूर हो गये और विपत्तियों और संकटों का नाश हो गया।

jabase kie haiṅ darśana hamane,
duḥkha sārā kāphūra ho gayā।
saṅkaṭa sāre miṭe aura,
vipadāoṅ kā aṅta ho gayā ॥

Since that meeting, all our pains have been over and our problems and difficulties have dwindled away.

मान और सम्मान मिला,
भिक्षा में हमको बाबा से ।
प्रतिबिम्बित हो उठे जगत् में,
हम साईं की आभा से ॥32॥

साईंबाबा से भिक्षा के रूप में हमें मान और सम्मान मिला जिसके प्रकाश से हम आलोकित हो उठे ।

māna aura sammāna milā,
bhikṣā meṅ hamako bābā se ।
pratibiṁbita ho uṭhe jagat meṅ,
hama sāīṅ kī ābhā se ॥

We were made honourable by his blessings, the light of which has rendered us luminous.

ाबा ने सम्मान दिया है,
मान दिया इस जीवन में ।
सका ही सम्बल ले मैं,
हंसता जाऊँगा जीवन में ॥33॥

ाबा से मान-सम्मान मिलने हमें संबल
ला जिसे पाकर मैं जीवन भर खुश
हूँगा।

ābā ne sammāna diyā hai,
māna diyā isa jīvana meṅ ।
akā hī sambala le maiṅ,
haṅsatā jāūṅgā jīvana meṅ ॥

is blessings shall always keep me
a blissful state in life.

साईं की लीला का मेरे,
मन पर ऐसा असर हुआ।
लगता जगती के कण-कण में,
जैसे हो वह बसा हुआ ॥34॥

साईंबाबा के लीला का मेरे मन पर ऐसा प्रभाव पड़ा कि सारे जगत् के कण-कण में वह मुझे व्याप्त लगते हैं।

sāīṅ kī līlā kā mere,
mana para aisā asara huā ।
lagatā jagatī ke kaṇa-kaṇa meṅ,
jaise ho vaha basā huā ॥

His grace has so gladdened my spirit that I see Him reflected in every particle of existence.

'काशीराम' बाबा का भक्त,
इस शिरडी में रहता था।
मैं साईं का, साईं मेरा;
वह दुनिया से कहता था ॥35॥

काशीराम नाम का साईंबाबा का एक भक्त, शिरडी में लोगों से 'मैं साईं का हूँ, और साईं मेरा है' कहता फिरता था।

kāśīrām bābā kā bhakta,
isa śiraḍī meṅ rahatā thā।
maiṅ sāīṅ kā, sāīṅ merā;
vaha duniyāṅ se kahatā thā॥

In Śiraḍī, Kāśīrām a Sāī devotee was telling every one: "I belong to Sāīṅ Bābā and Sāīṅ Bābā belongs to me."

सीकर स्वयं वस्त्र बेचता,
ग्राम-नगर बाजारों में ।
झंकृत उसकी हृदय तन्त्री थी,
साईं की झन्कारों में ॥36॥

वह खुद कपड़े सिलाई करके गाँव और नगर के बाजार में बेचता था, पर उसके हृदय में सिर्फ साईं का नाम गूंजता था।

**sīkara svayaṁ vastra becatā,
grāma-nagara bājāroṅ meṅ ।
jhaṅkṛta usakī hṛdaya tantrī thī;
sāīṅ kī jhaṅkāroṅ meṅ ॥**

He was a dressmaker who used to sell clothes in nearby places but in his heart, it was the Sāī name that reverberated.

स्तब्ध निशा थी, थे सोये,
रजनी आंचल में चाँद सितारे।
नहीं सूझता वहां हाथ को हाथ,
घोर तिमिर के मारे ॥37॥

कृष्णपक्ष की रात थी और हाथ को हाथ नहीं सूझ रहा था, सुनसान और वीरान रास्ते थे।

stabdha niśā thī, the soye,
rajanī āṅcala meṅ cāṅda sitāre ।
nahīṅ sūjhatā vahāṅ hātha ko hātha,
ghora timira ke māre ॥

At one moonless night nothing was visible and the way was quite calm but fearing.

वस्त्र बेचकर लौट रहा था,
हाय! हाट से 'काशी ।
विचित्र बड़ा संयोग कि उस दिन,
आता था वह एकाकी ॥38॥

काशीराम बाज़ार में अपने कपड़े बेचकर अकेले ही घर की ओर लौट रहा था।

vastra becakara lauṭa rahā thā,
hāya! hāṭa se 'kāśī' ।
vicitra baḍā saṅyoga ki usa dina,
ātā thā vaha ekākī ॥

After attending to his trade, Kāśīrāma was returning home alone on that night.

घेर राह में खड़े हो गये,
उसे कुटिल, अन्यायी।
मारो-काटा-लूटो इसकी,
ही ध्वनि पड़ी सुनाई ॥39॥

रास्ते में उसे घेरकर कुछ अन्यायी लुटेरों ने उसे लूट लिया और मारकर लहुलुहान कर दिया।

ghera rāha meṅ khaḍe ho gaye,
use kuṭila, anyāyī।
māro, kāṭo, lūṭo isakī,
hī dhvani paḍi sunāī॥

On the way he was waylaid by a band of robbers who looted him of his belongings and left him to bleed to death.

लूट-पीटकर उसे वहाँ से,
कुटिल गये चम्पत हो ।
आघातों से मर्माहत हो,
उसने दी थी संज्ञा खो ॥40॥

मार-पीटकर और धन लूटकर लुटेरे तो वहाँ से भाग गये, चोट से मर्माहत होकर काशीराम अचेत हो गया।

lūṭa-pīṭakara use vahāṅ se,
kuṭila gaye campata ho ।
āghātoṅ se marmāhata ho,
usane dī thī saṅjñā kho ॥

They escaped with his wealth; Kāśīrām, wounded and in pain, fell unconscious.

बहुत देर तक पड़ा रहा वह,
  वहां उसी हालत में ।
जाने कब कुछ होश हो उठा,
  उसको किसी पलक में ॥41॥

बहुत देर तक वह इसी हालत में पड़ा रहा। बाद में किसी समय अचानक उसे होश आया।

bahuta dera taka paḍā rahā vaha,
  vahāṅ usī hālata meṅ ।
jāne kaba kucha hośa ho uṭhā,
  usako kīsī palaka meṅ ॥

He lay in such a state for a long while. Later on he awoke all of a sudden.

अनजाने ही उसके मुँह से,
निकल पड़ा था साईं।
जिसकी प्रतिध्वनि शिरडी में,
बाबा को पड़ी सुनाई ॥42॥

अचेतावस्था में ही अनजाने में उसके मुँह से साईं का नाम निकला जिसकी प्रतिध्वनि बाबा को शिरडी में सुनाई पड़ी।

anajāne hī usake muṅha se,
nikala paḍā thā sāīṅ ।
jisakī pratidhvani śiraḍī meṅ,
bābā ko paḍī sunāī ॥

Lying thus wounded, he began uttering the name of Sāī Bābā, which Sāī Bābā heard at Śiraḍī.

क्षुब्ध उठा हो मानस उनका,
बाबा गये विकल हो ।
लगता जैसे घटना सारी,
घटी उन्हीं के सन्मुख हो ॥43॥

यह सुनते ही बाबा विकल हो उठे, ऐसा लग रहा था मानो सारी घटना उनके सम्मुख ही घटी हो ।

kṣubdha uṭhā ho mānasa unakā,
bābā gaye vikala ho ।
lagatā jaise ghaṭanā sārī,
ghaṭī unhīn ke sanmukha ho ॥

Hearing the cries of pain, the Bābā felt sad as if the whole incident had happened in His vicinity.

उन्मादी से इधर उधर तब,
बाबा लगे भटकने ।
सन्मुख चीजें जो भी आई,
उनको लगे पटकने ॥44॥

वे चिन्तित होकर इधर-उधर भटकने लगे और उनके सामने जो भी चीजें आई, उनको वे पटकने लगे ।

unmādī se idhara udhara taba,
bābā lage bhaṭakane ।
sanmukha cījeṅ jo bhī āī,
unako lage paṭakane ॥

In His restlessness, He started moving about and would hurl anything that came in his way.

और धधकते अंगारों में,
बाबा ने कर डाला ।
हुए सशंकित सभी वहां,
देख ताण्डव-नृत्य निराला ॥45॥

और धधकते हुए अंगारों के बीच उसने हाथ डाल दिया, वहाँ बैठे लोग बाबा के इस निराले ताण्डव-नृत्य को देखकर सशंकित हो उठे ।

aura dhadhakate aṅgāroṅ meṅ,
bābā ne kara ḍālā ।
hue śaśaṅkita tabhī vahāṅ,
dekha tāṇḍava nṛtya nirālā ॥

He placed his hands on burning flames, seeing which those assembled there were taken aback.

समझ गए सब लोग कि कोई,
भक्त पड़ा संकट में ।
क्षुभित खड़े थे सभी वहाँ पर,
पड़े हुए विस्मय में ॥46॥

सारे लोग यह समझ गये कि कोई भक्त संकट में पड़ा है, सभी वहाँ पर विस्मित और क्षुभित हो खड़े थे ।

samajha gae saba loga ki koi,
bhakta paḍā saṅkaṭa meṅ ।
kṣubhita khaḍe the sabhī vahāṅ para,
paḍe hue vismaya meṅ ॥

They understood that a devotee somewhere was in trouble. Surprised and awe-struck, they all felt sad.

उसे बचाने की ही खातिर,
बाबा आज विकल हैं ।
उसकी ही पीड़ा से पीड़ित,
उनका अन्तस्तल है ॥47॥

उसे ही बचाने के लिए बाबा आज विकल हैं, और उसी की पीड़ा से पीड़ित उनका दिल है ।

use bacāne kī hī khātira,
bābā āja vikala haiṅ ।
usakī hī pīḍā se pīḍita,
unakā antastala hai ॥

It was to save his devotee that Bābā was restless and it was his pain that ached His heart thus.

इतने में ही विधि ने अपनी,
विचित्रता दिखलाई।
देख कर जिसको जनता की,
श्रद्धा सरिता लहराई ॥48॥

इसी समय विधि ने अपनी विचित्रता दिखलाई, जिसे देखकर जनता की श्रद्धा उमड़ पड़ी।

itane meṅ hī vidhi ne apanī,
vicitratā dikhalāī ।
dekha kara jisako janatā kī,
śraddhā saritā laharāī ॥

Then a unique thing happened which heightened the devotion of the assembled people towards Bābā all the more.

लेकर संज्ञाहीन भक्त को,
गाड़ी एक वहाँ आई।
सन्मुख देख भक्त को अपने,
साईं की आँखें भर आई ॥49॥

संज्ञाहीन भक्त को लेकर एक गाड़ी वहाँ आयी, अचेत पड़े भक्त को उतारा तो उसे देख बाबा की आँखें नम हो गयी।

lekara saṁjñāhīna bhakta ko,
gāḍī eka vahāṅ āī।
sanmukha dekha bhakta ko apane,
sāīṅ kī āṅkheṅ bhara āī॥

A cart drove in with the unconscious devotee. Seeing His devotee, Bābā's eyes filled with tears.

शान्त, धीर, गम्भीर सिन्धु सा,
बाबा का अन्तस्तल ।
आज न जाने क्यों रह-रहकर,
हो जाता था चंचल ।।50।।

सिन्धु के समान शान्त, धीर और गम्भीर साईंबाबा का अन्तःस्थल आज रह-रहकर चंचल हो उठता था ।

śānta, dhīra, gambhīra sindhu sā,
bābā kā antastala ।
āja na jāne kyoṅ raha-rahakara,
ho jātā thā cañcala ॥

Calm, patient and serious as the Indus flowing in its glory was the Sāī Bābā. But on that day his soul was restless.

आज दया की मूर्ति स्वयं था,
बना हुआ उपचारी।
और भक्त के लिए आज था,
देव बना प्रतिहारी ॥51॥

आज दया की मूर्ति स्वयं वैद्य बने हुए थे और भक्त के लिए आज देव ही प्रतिहारी बना हुआ था।

āja dayā kī mūrti svayaṁ thā,
banā huā upacārī।
aur bhakta ke lie āja thā,
deva banā pratihārī॥

It was a day when compassion incarnate had become doctor for the devotee, the Lord had become the protector.

आज भक्ति की विषम परीक्षा में,
सफल हुआ था काशी।
उसके ही दर्शन के खातिर,
थे उमड़े नगर-निवासी ॥52॥

आज भक्ति की परीक्षा में काशी सफल हुआ था और उसी के दर्शन के लिए समूचे नगर-निवासी उमड़ पड़े थे।

āja bhakti kī viṣama parikṣā meṅ,
saphala huā thā kāśī ।
usake hī darśana ke khātira,
the umaḍe nagara-nivāsī ॥

Kāśī passed in the test of *bhakti* towards the Bābā and the entire town had turned up that day to have a glimpse of him.

जब भी और जहाँ भी कोई,
भक्त पड़े संकट में।
उसकी रक्षा करने बाबा,
जाते हैं पल भर में ॥53॥

जब भी और जहाँ भी कोई भक्त संकट में पड़ता था, उसकी रक्षा करने के लिए बाबा वहाँ पलभर में पहुँच जाते थे।

jaba bhī aura jahāṅ bhī koī,
bhakta paḍe saṅkaṭa meṅ।
usakī rakṣā karane bābā,
jāte haiṅ pala bhara meṅ॥

Whenever a devotee was in trouble, the Bābā emerged by his side in a moment to protect him.

युग-युग का है सत्य यह,
नहीं कोई नयी कहानी।
आपतग्रस्त भक्त जब होता,
जाते खुद अन्तर्यामी ॥54॥

यह हर युग की सच्चाई है कि जब कोई भक्त विपत्ति में पड़ता है तो भगवान स्वयं ही वहाँ पहुँच जाते हैं।

yuga yuga kā hai satya yaha,
nahīṅ koī nayī kahānī ।
āpatagrasta bhakta jaba hotā,
jāte khuda antaryāmī ॥

Whenever a devotee finds himself in trouble, the Lord Himself goes there to guide him out of it.

भेद-भाव से परे पुजारी,
मानवता के थे साईं ।
जितने प्यारे हिन्द-मुस्लिम,
उतने ही थे सिक्ख-ईसाई ॥55॥

साईंबाबा भेदभाव से रहित मानवता के पुजारी थे, उन्हें हिन्दू-मुस्लिम, सिक्ख-ईसाई एक समान प्यारे थे ।

bheda-bhāva se pare pujārī,
mānavatā ke the sāīṅ I
jitane pyāre hindu-muslim,
utane hī the sikkha īsāī II

The Sāī Bābā was free of discriminations of every kind and loved people of all religious faiths, — Hindu, Muslim, Sikh or Christian.

भेद-भाव मन्दिर-मस्जिद का,
तोड-फोड़ बाबा ने डाला ।
राम-रहीम सभी उनके थे,
कृष्ण-करीम अल्लाताला ॥56॥

साईंबाबा ने मंदिर-मस्जिद का भेदभाव मिटा दिया राम-रहीम, कृष्ण-करीम सभी उनके लिए एक समान थे।

bheda-bhāva mandira-masjida kā,
toḍa-phoḍa bābā ne ḍālā।
rāma-rahīma sabhī unake the,
kṛṣṇa-karīma allātālā ॥

He considered God to be one, by whichever name one might call Him — Rāma, Rahīm, Kṛṣṇa or Allāh.

घण्टे की प्रतिध्वनि से गूँजा,
मस्जिद का कोना-कोना।
मिले परस्पर हिन्दु-मुस्लिम,
प्यार बढ़ा दिन-दिन दूना ॥57॥

हिन्दु-मुस्लिम परस्पर एक-दूसरे से मिले जिससे उनका आपस का प्यार दिन पर दिन बढ़ता गया।

ghanṭe kī pratidhvani se gūñjā,
masjida kā konā-konā ।
mile paraspara hindu-muslima,
pyāra baḍhā dina-dina dūnā ॥

The love of the Hindus and Muslims for one another grew with each passing day.

चमत्कार था कितना सुंदर,
परिचय इस काया ने दी।
और नीम की कड़वाहट में भी,
मिठास बाबा ने भर दी ॥58॥

साईंबाबा ने यह कितना सुंदर चमत्कार दिखाया कि नीम की कड़वाहट में भी मिठास आ गई।

camatkāra thā kitanā sundara,
paricaya isa kāyā ne dī ।
aura nīma kī kaḍavāhaṭa mein bhi,
miṭhāsa bābā ne bhara dī ॥

Such was the miracle of Sāī Bābā that even the bitter *neem* acquired a sweetness with his touch.

सबको स्नेह दिया साईं ने,
सबको सन्तुल प्यार किया।
जो कुछ जिसने भी चाहा,
बाबा ने उसको वही दिया ॥59॥

हर जन को बाबा ने स्नेह दिया, समान रूप से सबको प्यार किया, जिसने जो भी कुछ चाहा, बाबा ने उसको वही दिया।

sabako sneha diyā sāīṁ ne,
sabako santula pyāra kiyā।
jo kucha jisane bhī cāhā,
bābā ne usako vahī diyā ॥

Bābā loved all equally. Whatever a devotee wished for, he attained it with the blessings of Bābā.

ऐसे स्नेहशील भाजन का,
नाम सदा जो जपा करे।
पर्वत जैसा दुःख न क्यों हो,
पल भर में वह दूर टरे ॥60॥

ऐसे स्नेह के भण्डार का नाम जो सदा जपता है, पर्वत के समान दुःख भी क्षण भर में खत्म हो जाता है।

aise snehaśīla bhājana kā,
nāma sadā jo japā kare ।
parvata jaisā duḥkha na kyoṅ ho,
pala bhara meṅ vaha dūra ṭare ॥

When one recites the name of such a divine bestower, even mighty sorrows melt within moments as if they never existed.

साईं जैसा दाता हमने,
अरे नहीं देखा कोई ।
जिसके केवल दर्शन से ही,
सारी विपदा दूर गई ॥61॥

साईंबाबा जैसा दाता इस दुनियाँ में दूसरा कोई नहीं है जिसके दर्शन मात्र से सारी विपत्ति दूर हो जाती है ।

sāīṅ jaisā dātā hamane,
are nahīṅ dekhā koī ।
jisake kevala darśana se hī,
sārī vipadā dūra gaī ॥

There is no giver in this world as the Sāī Bābā whose mere glimpse can drive away worries.

तन में साईं, मन में साईं,
साईं-साईं भजा करो ।
अपने तनकी सुध-बुध खोकर,
सुध उसकी तुम किया करो ॥62॥

इसलिए तन-मन से साईं का भजन किया करो और अपने तन की सुध-बुध खोकर उनका सुमिरन किया करो ।

tana meṅ sāīṅ, mana meṅ sāīṅ,
sāīṅ-sāīṅ bhajā karo ।
apane tana kī sudh-budh khokar,
sudh usakī tuma kiyā karo ॥

Therefore, sing the praise of the Sāī Bābā, recite his name immersed in His devotion and without a care.

जब तू अपनी सुधियाँ तजकर,
बाबा की सुधि किया करेगा।
और रात-दिन बाबा,
बाबा ही तू रटा करेगा ॥63॥

जब तुम अपनी सुध खोकर बाबा की सुध लोगे और रात-दिन साईं बाबा का नाम जपा करोगे।

jaba tū apanī sudhiyāṅ tajakara,
bābā kī sudhi kiyā karegā ।
aura rāta-dina bābā,
bābā hī tū raṭā karegā ॥

When you recite his name night and day with total devotion for him in your heart.

तो बाबा को अरे! विवश हो,
सुधि तेरी लेनी ही होगी।
तेरी हर इच्छा बाबा को,
पूरी करनी ही होगी ॥64॥

तब बाबा को विवश होकर तेरी सुधि लेनी ही पड़ेगी और तुम्हारी हर इच्छा बाबा को पूरी करनी पड़ेगी।

to bābā ko are! vivaśa ho,
sudhi terī lenī hī hogī।
terī hara icchā bābā ko,
pūrī karanī hī hogī॥

Then He will have to hear your pleas. Your every wish would then come true.

जंगल जंगल भटक न पागल,
औरढूंढने बाबा को ।
एक जगह केवल शिरडी में,
तू पायेगा बाबा को ॥65॥

पागलों की तरह जंगल-जंगल भटकने या ढूंढने पर बाबा नहीं मिलेंगे । केवल शिरडी में तुम बाबा को पा सकोगे ।

jaṅgala jaṅgala bhaṭaka na pāgala,
aura ḍhūṅḍhane bābā ko ।
eka jagah kevala śiraḍī meṅ,
tū pāyegā bābā ko ॥

You won't attain the blessing of the Bābā by roaming around lands. It is only at Śiraḍī that you can attain Him.

धन्य जगत् में प्राणी है वह,
जिसने बाबा को पाया।
दुःख में सुख में प्रहर आठ हो,
साईं का ही गुण गाया ॥66॥

वह प्राणी धन्य है, जिसने बाबा को पा लिया है और सुख-दुःख में एक समान आठों पहर साईं का गुणगान किया।

dhanya jagat meṅ prāṇī hai vaha,
jisane bābā ko pāyā।
duḥkha meṅ sukha meṅ prahara āṭha ho,
sāīṅ kā hī guṇa gāyā॥

He truly is blessed who has attained the Bābā's grace and praises His name at all times.

गिरे संकटों के पर्वत,
चाहे बिजली ही टूट पड़े ।
साईं का ले नाम सदा तुम,
सन्मुख सब के रहो अड़े ॥67॥

चाहे संकटों का पहाड़ खड़ा हो या बिजली टूट पड़े, साईं का नाम लेकर सदा उनके सम्मुख खड़े रहो।

gire saṅkaṭoṅ ke parvata,
cāhe bijalī hī ṭūṭa paḍe ।
sāīṅ kā le nāma sadā tuma,
sanmukha saba ke raho aḍe ॥

Whether you are weighed down by sorrows or by fate, recite the name of the Sāī and remain in his presence forever.

इस बूढ़े की सुन करामात,
तुम हो जाओगे हैरान।
दंग रह गए सुनकर जिसको,
जाने कितने चतुर सुजान ।।68।।

पूज्य साईंबाबा की करामात सुनकर तुम भी हैरान हो जाओगे, यह सुनकर कितने चतुर, बुद्धिमान भी दंग रह गये।

isa būḍhe kī suna karāmāta,
tuma ho jāoge hairāna ।
daṅga raha gaye sunakara jisako,
jāne kitane catura sujāna ॥

If you were to hear all the miracles of the Sāī Bābā, you will truly be awe-struck like many others who are wise.

एक बार शिरडी में साधु,
ढोंगी था कोई आया।
भोली-भाली नगर-निवासी,
जनता को था भरमाया ॥69॥

एक बार शिरडी में एक ढोंगी साधु आया था और वहाँ की भोली-भाली जनता को फुसला रहा था।

eka bāra śiraḍī meṅ sādhu,
ḍhoṅgī thā koī āyā।
bholī-bhālī nagara-nivāsī,
janatā ko thā bharamāyā ॥

Once a cheat in the guise of a saint arrived at Śiraḍī and cleverly began exploiting the gullible people of Śiraḍī.

जड़ी-बूटियाँ उन्हें दिखाकर,
करने लगा वहाँ भाषण।
कहने लगा सुनो श्रोतागण,
घर मेरा है वृन्दावन ॥70॥

वह जड़ी-बूटियाँ दिखाकर उनके गुणों का बखान करने लगा और उसने अपने आपको वृंदावन का निवासी बताया।

jaḍī-būṭiyāṅ unheṅ dikhākara,
karane lagā vahāṅ bhāṣana।
kahane lagā suno śrotāgaṇa,
ghara merā hai vṛndāvana।

He showed them some roots and herbs and began praising them for their wonderful features. He told himself as a resident of Vrindaban.

औषधि मेरे पास एक है,
    और अजब इसमें शक्ति।
इसके सेवन करने से ही,
    हो जाती दुःख से मुक्ति ॥71॥

वह कहने लगा कि जड़ी-बूटियों की एक औषधि उसके पास है जिसके सेवन करने से ही सारे दुःखों से मुक्ति मिल जाती है।

auṣadhi mere pāsa eka hai,
    aura ajaba isame śakti ।
isake sevana karane se hī,
    ho jātī duḥkha se mukti ॥

He claimed he had a medicine with a unique power to rid people of all their sufferings.

अगर मुक्त होना चाहो तुम,
संकट से बीमारी से।
तो है मेरा नम्र निवेदन,
हर नर से हर नारी से ॥72॥

अगर लोग संकट और बीमारी से मुक्ति चाहते हैं तो हर नर-नारी से उसका य नम्र निवेदन है।

agara mukta honā cāho tuma,
saṅkaṭa se, bimārī se ।
to hai merā namra nivedana,
hara nara se, hara nārī se ॥

If the dwellers wish to be rid of difficulties and ill health, then he humbly requests everyone assembled

लो खरीद तुम इसको,
इसकी सेवन विधियाँ हैं न्यारी।
यद्यपि तुच्छ वस्तु है यह,
गुण इसके हैं अतिशय भारी ॥73॥

इसे वे खरीद ले। इसकी सेवन की विधियाँ बड़ी न्यारी है, यद्यपि यह एक साधारण सी वस्तु है पर इसके कई गुण हैं।

lo kharīda tuma isako,
isakī sevana vidhiyāṅ haiṅ nyārī ।
yadyapi tuccha vastu hai yaha,
guṇa isake haiṅ atiśaya bhārī ॥

To use these herbs as they have many excellent qualities.

जो है संततिहीन यहाँ यदि,
मेरी औषधि को खायें ।
पुत्र रत्न हो प्राप्त अरे और,
वह मुँह मांगा फल पायें ॥74॥

जो संतानहीन दंपति मेरी यह औषधि (दवा) खायेगा, उसे पुत्ररत्न की प्राप्ति होगी और वह मनोनुकुल फल पायेगा।

jo hai saṅtatihīna yahāṅ yadi,
merī auṣadhi ko khāyeṅ ।
putra ratna ho prāpta are aura,
vaha muṅha māṅgā phala pāyeṅ ॥

Whosoever is childless may consume these medicinal herbs; he would beget a child and all his wishes would be fulfilled.

औषध मेरी जो न खरीदे,
जीवन भर पछतायेगा।
मुझ जैसा प्राणी शायद ही,
अरे यहाँ आ पायेगा ॥75॥

मेरी यह औषधि जो नहीं खरीदेगा उसे जीवन भर पछताना पड़ेगा क्योंकि मैं शायद ही दुबारा यहाँ आ पाऊँगा।

auṣadha merī jo na kharīde,
jīvana bhara pachatāyegā ।
mujha jaisā prāṇī śāyada hī,
are yahāṅ ā pāyegā ॥

Whosoever does not avail of these herbs will repent, for I would not be around to offer them again.

दुनिया दो दिन का मेला है,
मौज शौक तुम भी कर लो।
गर इससे मिलता है सब कुछ,
तुम भी इसको ले लो ॥76॥

यह दुनिया दो-दिन का मेला है। मेरी इस दवा से सब कुछ मिलता है इसलिए तुम भी इसको खरीद लो और अपनी शौक मौज पूरे कर लो।

duniyā do dina kā melā hai,
mauja śauka tuma bhī kara lo।
gara isase milatā hai, saba kucha,
tuma bhī isako le lo॥

My herbs will aid you in fulfilling all your wishes so you must buy them and enjoy life.

रानी बढ़ती जनता की,
देख इसकी कारस्तानी।
मुदित वह भी मन ही मन था,
देख लोगों की नादानी ॥77॥

नता की नादानी और हैरानी बढ़ती खकर वह मन ही मन खुश हो रहा था।

airānī baḍhatī janatā kī;
dekha isakī kārastānī।
ramudita vaha bhī mana hī mana thā,
dekha logoṅ kī nādānī ॥

Vhen he saw the gullible people taring at him with awe, he was leased.

खबर सुनाने बाबा को यह,
गया दौड़कर सेवक एक।
सुनकर भृकुटि तनी और,
विस्मरण हो गया सभी विवेक ॥78॥

बाबा को यह खबर सुनाने उनका एक सेवक दौड़कर गया, यह सुनकर बाबा की भृकुटि तनी और उनको गुस्सा आ गया।

khabara sunāne bābā ko yaha,
gayā dauḍakara sevaka eka ।
sunakara bhṛkuṭi tanī aura,
vismaraṇa ho gayā sabhī viveka ॥

A servant of the Bābā informed Him about this man and the Bābā was furious.

हुक्म दिया सेवक को,
सत्वर पकड़ दुष्ट को लाओ ।
या शिरडी की सीमा से,
कपटी को दूर भगाओ ॥79॥

बाबा ने सेवक को हुक्म दिया कि या तो उस दुष्ट को तुरंत पकड़कर मेरे पास लेकर आओ या फिर शिरडी की सीमा से उसे दूर भगा दो ।

hukma diyā sevaka ko,
satvara pakaḍa duṣṭa ko lāo ।
yā śiraḍī kī sīmā se,
kapaṭī ko dūra bhagāo ॥

Bābā asked the servant to fetch the cheat or else drive him away from the outskirts of Śiraḍī.

मेरे रहते भोली-भाली,
शिरडी की जनता को।
कौन नीच ऐसा जो,
साहस करता है छलने को ॥80॥

मेरे रहते कौन ऐसा नीच है जो भोली-भाली शिरडी की जनता को ठगने का साहस कर सकता है।

mere rahate bholī-bhālī,
śiraḍī kī janatā ko।
kaun nīca aisā jo,
sāhasa karatā haī chalane ko॥

While I remain in Śiraḍī, none can dare to cheat the innocent people of Śiraḍī.

पल भर में ही ऐसे ढोंगी,
कपटी, नीच लुटेरे को।
महानाश के महागर्त में,
पहुँचा दूँ जीवन भर को ॥81॥

एक पल में ऐसे ढोंगी, कपटी, नीच लुटेरे को जीवन भर के लिए महानाश के गर्त में पहुँचा दूँ।

pala bhara meṅ hī aise ḍhoṅgī,
kapaṭī, nīca luṭere ko ।
mahānāśa ke mahāgarta meṅ,
pahuñcā dūṅ jīvana bhara ko ॥

I would hurl such a cheat and thief to the depths of hell for the rest of his life.

तनिक मिला आभास मदारी,
क्रूर, कुटिल, अन्यायी को।
काल नाचता है अब सिर पर,
गुस्सा आया साईं को ॥82॥

उस अन्यायी लुटेरे को बाबा की बातों का आभास हो गया और वह जान गया कि अब उसके सिर पर काल नाच रहा है क्योंकि साईं बाबा को गुस्सा आ गया था।

**tanika milā ābhāsa madārī,
krūra kuṭila anyāyī ko।
kāla nācatā hai aba sira para,
gussā āyā sāīṅ ko॥**

The outsider finally realized that his end was surely near as Sāīṅ Bābā had become angry.

पल भर में सब खेल बन्द कर,
भागा सिर पर रखकर पैर ।
सोच रहा था मन ही मन,
भगवान् नहीं है क्या अब खैर ॥83॥

वह अन्यायी तुरंत ही अपना खेल बन्द कर वहाँ से भागा और मन ही मन जान की भीख माँग रहा था भगवान् से ।

pala bhara meṅ saba khela banda kara,
bhāgā sira para rakhakara paira ।
soca rahā thā mana hī mana,
bhagavān nahīṅ hai kyā aba khaira ॥

Soon the cheater ran away from the place wishing that his life would be spared.

सच है साईं जैसा दानी,
मिल न सकेगा जग में।
अंश ईश का साईंबाबा,
उन्हें न कुछ भी मुश्किल जग में॥84॥

साईं जैसा दानी इस संसार में दूसरा नही हैं, वे ईश्वर के अंश थे, उनसे इस दुनिया में कुछ भी मुश्किल न था।

saca hai śāīṅ jaisā dānī,
mila na sakegā jaga meṅ।
aṅśa īśa kā sāīṅbābā,
unheṅ na kucha bhī muśkila jaga meṅ॥

None can give as the Sāī. He was a part of God and there was nothing that he could not do.

स्नेह, शील, सौजन्य आदि का,
आभूषण धारण कर।
बढ़ता इस दुनिया में जो भी,
मानव-सेवा के पथ पर ||85||

स्नेह, शील, सौजन्य आदि का गहना धारण करके जो भी इस दुनिया में मानव-सेवा की राह पर चलता है।

sneha, śīla, saujanya ādi kā,
ābhūṣaṇa dhāraṇa kara।
baḍhatā isa duniyā meṅ jo bhī,
mānava-sevā ke patha para ||

Clad in love and gratitude when one treads on the path of selfless service to humanity.

वही जीत लेता है जगती के,
जन जन का अन्तस्तल।
उसकी एक उदासी ही,
जग को कर देती है विह्वल ॥86॥

वही इस दुनिया के जन-जन के दिलों को जीत लेता है और उसकी एक उदासी दुनियाँ को बेचैन कर देती है।

vahī jīta letā hai jagatī ke,
jana jana kā antastala।
usakī eka udāsī hī,
jaga ko kara detī hai vihvala॥

He wins over many hearts; then even the slightest sorrow to mark his brow would sadden the entire

जब-जब जग में भार पाप का,
बढ़-बढ़ जाता है ।
उसे मिटाने के ही खातिर,
अवतारी हो आता है ॥87॥

जब भी दुनिया में पाप का भार बढ़ जाता है उसे मिटाने के लिए ही किसी अवतारी पुरुष का जन्म होता है ।

jaba jaba jaga meṅ bhāra pāpa kā,
baḍha-baḍha jātā hai ।
use miṭāne ke hī khātira,
avatārī ho ātā hai ॥

When the load of sins overwhelms the world there is born an *avatāra* of the Lord Himself to wash away the sins.

पाप और अन्याय सभी कुछ,
इस जगती का हर के ।
दूर भगा देता दुनिया के,
दानव को क्षण भर में ॥88॥

पाप और अन्याय को खत्म कर वह अवतारी इस दुनिया से राक्षसों को क्षण भर में ही भगा देता है ।

pāpa aura anyāya sabhī kucha,
isa jagatī kā hara ke ।
dūra bhagā detā duniyā ke,
dānava ko kṣana bhara meṅ ॥

He would destroy evils and wrongs and cleanse the world of evil men in no time.

स्नेह सुधा की धार बरसने,
लगती है दुनिया में ।
गले परस्पर मिलने लगते,
जन-जन है आपस में ॥89॥

तब अमृत की धारा इस दुनिया में बरसने लगती है और जन-जन आपस में गले मिलने लगते हैं।

sneha sudhā kī dhāra barasane,
lagatī hai duniyā meṅ ।
gale paraspara milane lagate,
jana-jana hai āpasa meṅ ॥

Then showers of blissfulness would drench the world and people would live in love and brotherhood.

ऐसे ही अवतारी साईं,
मृत्युलोक में आकर।
समता का यह पाठ पढ़ाया,
सबको अपना आप मिटाकर ॥90॥

साईंबाबा ऐसे ही अवतारी पुरुष थे जिन्होने मृत्युलोक में आकर सबको अपना घमंड मिटाकर एक होने का संदेश दिया।

aise hī avatārī sāīṅ,
mṛtyuloka meṅ ākara ।
samatā kā yaha pāṭha paḍhāyā
sabako apanā āpa miṭākara ॥

The Sāī Bābā was such an incarnation who came to this world to teach people to live in amity and unity.

नाम द्वारका मस्जिद का,
रखा शिरडी में साईं ने ।
दाप, ताप, सन्ताप मिटाया,
जो कुछ आया साईं ने ॥91॥

शिरडी में साईं ने मस्जिद का नाम द्वारका रखा और लोगों में उत्तेजना, घमण्ड तथा दुःख आदि सभी व्याधियों को मिटा दिया।

nāma dvārakā masjida kā,
rakhā śiraḍī meṅ sāīṅ ne ।
dāpa, tāpa, santāpa miṭāyā,
jo kucha āyā sāīṅ ne ॥

The Sāī named the mosque at Śiraḍī as Dwārkā and destroyed all sorrows of the dwellers of Śiraḍī.

सदा याद में मस्त राम की,
बैठे रहते थे साईं।
पहर आठ ही राम नाम का,
भजते रहते थे साईं ॥92॥

साईं बाबा राम की याद में हमेशा मस्त बैठे रहते थे वे आठों पहर राम नाम का जाप करते रहते थे।

sadā yāda meṅ masta rāma kī,
baiṭhe rahate the sāīṅ ।
pahara āṭha hī rāma nāma kā,
bhajate rahate the sāīṅ ॥

The Sāī Bābā was always immersed in the thoughts of Lord Rāma. He recited the Lord's name at all times.

सूखी-रूखी ताजी बासी,
चाहे या होवे पकवान।
सदा प्यार के भूखे साईं,
सबके खातिर थे समान ॥93॥

सूखी-रूखी, ताजी-बासी या पकवान चाहे जो कुछ भी उन्हें मिल जाता वह खा लेते थे। वास्तव में तो वे प्यार के भूखे थे।

sūkhī rukhī tājī bāsī,
cāhe yā hove pakavāna ।
sadā pyāra ke bhūkhe sāīṅ,
sabake khātira the samāna ॥

The Bābā would eat anything that his people gave Him in love. His hunger was in reality for his people's love.

स्नेह और श्रद्धा से अपनी,
जन जो कुछ दे जाते थे।
बड़े चाव से उस भोजन को,
बाबा पावन करते थे ॥94॥

स्नेह और श्रद्धा से लोग जो कुछ भी दे जाते थे, बड़े प्यार से उसी भोजन का बाबा सेवन करते थे।

sneha aura śraddhā se apanī,
jana jo kucha de jāte the ।
baḍe cāva se usa bhojana ko,
bābā pāvana karate the ॥

Whatever people offered Him in adoration and devotion that He ate with great relish.

कभी-कभी मन बहलाने को,
बाबा बाग में जाते थे।
प्रमुदित मन से निरख प्रकृति को,
आनंदित वे होते थे ॥95॥

कभी-कभी मन बहलाने के लिए बाबा बाग में जाते थे जहाँ प्रकृति की अनुपम छटा देखकर उनका मन मुदित हो जाता।

kabhī kabhī mana bahalāne ko,
bābā bāga meṅ jāte the ।
pramudita mana se nirakha prakṛti ko,
ānandita ve hote the ॥

At times Bābā would wander in the garden and would immerse his soul in the beauty of Nature.

रंग-बिरंगे पुष्प बाग के,
मन्द-मन्द हिल-डुलकर के।
बीहड़ बीराने मन में भी,
स्नेह सलिल भर जाते थे ॥96॥

बाग के रंग-बिरंगे फूलों की मंद-मंद महक उनके वीराने मन में भी प्यार भर देती थी।

raṅga biraṅge puṣpa bāga ke,
manda manda hila ḍulakara ke।
bīhaḍa bīrāne mana meṅ bhī,
sneha salila bhara jāte the॥

The colourful flowers in the garden, swaying lightly in the wind, would fill His heart with joy and love.

ऐसी सुमधुर बेला में भी,
दुःख, आपत, विपदा के मारे ।
अपने मन की व्यथा सुनाने,
जन रहते बाबा को घेरे ॥97॥

ऐसी सुंदर बेला में भी दुःख, कष्ट, समस्या और विपत्ति से घिरे लोग अपने मन की व्यथा सुनाने के लिए बाबा को घेरे रहते थे।

aisī sumadhura belā meṅ bhī,
duḥkha, āpata, vipadā ke māre ।
apane mana kī vyathā sunāne,
jana rahate bābā ko ghere ॥

Even at such times, the suffering and the needy would surround the Bābā to pour out their grief to Him.

सुनकर जिनकी करुण कथा को,
नयन कमल भर आते थे।
दे विभूति हर व्यथा, शान्ति,
उनके उर में भर देते थे ॥98॥

जिनकी करुण कथा सुन बाबा की आँखें नम हो जातीं, वे सभी को विभूति देकर सारे कष्ट हर लेते।

sunakara jinakī karuṇa kathā ko,
nayana kamala bhara āte the ।
de vibhūti hara vyathā, śānti,
unake ura meṅ bhar dete the ॥

Hearing this Bābā's eyes would overflow with tears. He would present them the sacred *vibhūti* which caused their pains to vanish.

जाने क्या अद्भुत शक्ति,
उस विभूति में होती थी।
जो धारण करते मस्तक पर,
दु:ख सारा हर लेती थी ॥99॥

उस विभूति में न जाने क्या अद्भुत शक्ति होती थी कि उसे मस्तक पर लगाते ही सारा दु:ख क्षण भर में दूर हो जाता।

**jāne kyā adbhuta śakti,
usa vibhūti meṅ hotī thī।
jo dhāraṇa karake mastaka para,
duḥkha sārā hara letī thī॥**

Such was the marvel of that *vibhūti* that the moment it was smeared on the forehead, all the sorrows melted away of their own.

धन्य मनुज वे साक्षात् दर्शन,
जो बाबा साईं के पाये।
धन्य कमल कर उनके जिनसे,
चरण-कमल वे परसाये ॥100॥

धन्य हैं वे जिन्होनें बाबा के साक्षात दर्शन पाऐ। वे हाथ पवित्र हैं जिन्होनें साईबाबा के चरणों का स्पर्श किया।

dhanya manuja ve sākṣāta darśana,
jo bābā sāīṅ ke pāye।
dhanya kamala kara unake jinase,
caraṇa kamala ve parasāye ॥

Blessed are they who have stood in the presence of the Sāī Bābā and attained His blessings by touching His feet.

काश निर्भय तुमको भी,
साक्षात् साईं मिल जाता।
बरसों से उजड़ा चमन अपना,
फिर से आज खिल जाता ॥101॥

यदि साईंबाबा साक्षात तुमको भी मिल जाते तो वर्षों से उजड़ा हुआ चमन फिर से खिल जाता।

kāśa nirbhaya tumako bhī,
sākṣāt sāīṅ mila jātā।
barṣoṅ se ujaḍā camana apanā,
phira se āja khila jātā॥

If you attain the grace of the Sāī Bābā, you would see your life achieve a blissfulness it has never experienced before.

गर पकड़ता मैं चरण श्री के,
नहीं छोड़ता उम्र भर।
मना लेता मैं जरूर उनको,
गर रुठते साईं मुझ पर ॥102॥

मैं साईंबाबा श्री के चरणों को जिंदगी भर नहीं छोड़ता, वे यदि रुठते भी तो मैं अवश्य उन्हें मना लेता।

gara pakaḍatā maiṅ caraṇa śrī ke,
nahīṅ choḍatā umra bhara।
manā letā maiṅ jarūra unako,
gara rūṭhate sāīṅ mujha para ॥

I fall at the feet of Sāī Bābā and would never leave that place; if He is unhappy with me, I would do all I can to regain His grace.

साईं बाबा की आरती

(आरती श्रीरामायणजी की तर्ज पर)

आरती श्रीसाईंगुरुवर की,
परमानन्द सदा सुरवर की ।आर॰।

ārati śrī sāīṅguruvara kī,
paramānanda sadā suravara kī ॥ (āra॰)

जा की कृपा विपुल सुखकारी,
दुःख, शोक, संकट, भयहारी ॥1॥

jā kī kṛpā vipula sukhakārī,
duḥkha, śoka, saṅkaṭa, bhayahārī ॥

शिरडी में अवतार रचाया,
चमत्कार से तत्त्व दिखाया ॥2॥

śiraḍī meṅ avatāra racāyā,
camatkāra se tattva dikhāyā ॥

कितने भक्त चरण पर आये,
वे सुख शांति चिरंतन पाये॥3॥

kitane bhakta charaṇa para āye,
ve sukha śānti ciraṁtana pāye ॥

भाव धरै जो मन में जैसा,
पावत अनुभव वो ही वैसा ॥4॥

bhāva dharai jo mana meṁ jaisā,
pāvata anubhava vo hī vaisā ॥

गुरुकी उदी लगावे तन को,
समाधान लाभत उस मन को ॥5॥

guru kī udī lagāve tana ko,
samādhāna lābhata usa mana ko ॥

साईं नाम सदा जो गावे,
सो फल जग में शाश्वत् पावे ॥6॥

sāīṅ nāma sadā jo gāve,
so phala jaga meṅ śāśvat pāve ||

गुरुबासर करि पूजा-सेवा,
उस पर कृपा करत गुरुदेवा ||7||

gurubāsar kari pūjā-sevā,
usa para kr̥pā karata gurudevā ||

राम, कृष्ण, हनुमान रूप में,
दे दर्शन, जानत जो मन में ||8||

rāma, kr̥ṣṇa, hanumān rūpa meṅ,
de darśana, jānata jo mana meṅ ||

विविध धर्म के सेवक आते,
दर्शन कर इच्छित फल पाते ||9||

vividha dharma ke sevaka āte,
darśana kara icchita phala pāte ||

जै बोलो साईंबाबा की,
जै बोलो अवधूतगुरु की ॥10॥

jai bolo sāīṅ bābā kī,
jai bolo avadhūtaguru kī ॥

'साईंदास' आरती जो गावै,
घर में बसि सुख, मंगल पावै ॥11॥

'sāīṅdāsa' āratī jo gāvai,
ghara meṅ basi sukha, maṅgala pāvai ॥

श्री साईं का पद

साईं रहम नजर करना,
बच्चों का पालन करना। ॥ध्रु०॥
जाना तुमने जगत्पसारा,
सब ही झूठ जमाना ॥साईं॥
मैं अंधा हूँ बंदा आपका,
मुझको प्रभु दिखलाना ॥साईं॥
दास गणूं कहे अब क्या बोलूँ,
थक-गई मेरी रसना ॥साईं॥

Śri Sāiṅ kā Pada

Sāīṅ rahama najara karanā,
baccoṅ kā pālana karanā ॥dhru.॥
jānā tumane jagatpasārā,
saba hī jhūṭha jamānā ॥sāīṅ॥

maiṅ aṅdhā hūṅ baṅdā āpakā,
mujhako prabhu dikhalānā ||sāīṅ||
dāsa gaṇūṅ kahe aba kyā bolūṅ,
thaka-gaī merī rasanā ||sāīṅ||

पद

रहम नजर करो अब मोरे साई,
तुम बिन नहीं मुझे माँ-बाप भाई ||ध्रु.||
मैं अंधा हूँ बंदा तुम्हारा,
मैं ना जानूं अल्लाइलाही ||1||
खाली जमाना मैंने गमाया,
साथी आखरका किया न कोई ||2||
अपने मशिदका झाडू गणू है,
मालिक हमारे, तुम बाबा साईं ||3||

Pada

rahama najara karo aba more sāīṅ,
tuma bina nahīṅ mujhe māṅ-bāpa-
bhāī ॥dhru.॥
maiṅ aṅdhā hūṅ baṅdā tumhārā,
maiṅ nā jānūṅ allāilāhī ॥1॥
khālī jamānā maiṅne gamāyā,
sāthī ākharakā kiyā na koī ॥2॥
apane maśidakā jhāḍū gaṇū hai,
mālika hamāre tuma bābā sāīṅ ॥3॥

हुक्का, चिलिम

लेना जी महाराज हुक्का भर लायो,
दीन के दयाल साईं अरज सुनीयो ॥ध्रु.॥
मनकी चिलिम भरिये तनका गुडाखू,

ज्ञान अंगार सिलगायो ॥1॥
निर्गुण दटा सगुणही नेचा,
प्रेमजल हम भरियो ॥2॥
भाव भगत के तुम ही प्यारे,
आनंद खूब रंग उड़ायो॥3॥

Hukkā, Cilima

enā jī mahārāja hukkā bhara lāyo,
dīna ke dayāla sāīṅ araja sunīyo ॥dhru॥
manakī cilima bhariye tanakā
guḍākhū,
jñāna aṅgāra silagāyo ॥1॥
nirguṅa daṭā saguṇahī necā,
premajala hama bhariyo ॥2॥
bhāva bhagata ke tuma hī pyāre,
ānaṅda khūba raṅga uḍāyo ॥3॥

Shirdi Sai Chalisa

मूल्य : पंद्रह रूपये मात्र

प्रथम संस्करण 2006
द्वितीय मुद्रण 2011

यदि कोई महानुभाव यह चालीसा भेंट स्वरूप वितरण के लिए बृहद मात्रा में क्रय करना चाहे तो प्रकाशक से सम्पर्क करें।

प्रकाशक

श्रीकुंज सद्भावना मंच

'श्रीकुंज', एफ-52, बाली नगर, नई दिल्ली - 15
दूरभाष : **2545 3975, 2546 6019**, फैक्स : **2546 5926**

मुद्रण प्रबंध
डी० के० प्रिन्टवर्ल्ड (प्रा०) लि०, नई दिल्ली – ११० ०१५

9788182650107